Kurt Tepperwein & Felix Aeschbacher

Den Augenblick erfüllen

AF206124

Kurt Tepperwein & Felix Aeschbacher

Den Augenblick erfüllen

Inspirationen fürs Herz

Sonderauflage
2020 © by IAW Anstalt, Vaduz
www.iadw.com

ISBN: 978-3-7519-5059-6

Die Deutsche Nationalbibliothek verzeichnet diese Publikation
in der Deutschen Nationalbibliografie; detaillierte bibliografische Daten
sind im Internet über www.dnb.de abrufbar.

Umschlaggestaltung: www.layART.li
Umschlagmotiv und Bild innen: ©fotolia.com

Herstellung und Verlag: BoD – Books on Demand, Norderstedt
Made in Germany

Internationale Akademie der Wissenschaften (IAW) Anstalt, FL-9490 Vaduz
Tel. +423/233 12 12, Fax +423/233 12 14

Inspirierende und optimistische Gedanken für ...

... die Liebe zu sich selbst

... erfüllenden und wachsenden Wohlstand und Reichtum

... einen lebensfrohen, heiteren, optimistischen, liebevollen, freundlichen, achtsamen Tag und

... ein Gesund– und Vital-Sein.

Die vier Themenbereiche:

*L*EBEN ist immer nur
im Hier und Jetzt

*L*ebe und wirke in diesem
Augenblick, und die innere
Schönheit des Lebens entfaltet sich.

*I*n der Kraft der Gegenwart
zu wirken heißt, sie bewusst
für den Sinn deines Lebens
liebevoll zu nutzen.

*D*en Augenblick zu erfüllen
heißt, ihn dankbar zu segnen.

Statt eines Vorworts zum Buch – die Gebrauchsanweisung für eine Meditation:

Energie fließt immer im Hier und Jetzt

Einmal ganz ehrlich (und nur unter uns): Lesen Sie wirklich „Vorworte" zu einem Buch? ...

Okay – aber dieses Vorwort ist so wichtig für den richtigen Gebrauch des Buches, dass wir es wahrheitsgemäß nicht Vorwort, sondern „Gebrauchsanweisung" genannt haben.

Vielleicht stutzen Sie auch und fragen: Seit wann braucht ein Buch seine eigene Gebrauchsanweisung? Der Besitzer eines Buches sollte doch wenigstens LESEN können. Was bedarf es da noch einer weiteren „Gebrauchsanweisung"? Hier wird doch wohl nicht das Lesen gelehrt? – **Nun, dieses Buch bietet Ihnen etwas, was man die „Quadratur des Kreises" nennen**

könnte, also etwas Unmögliches. Um scheinbar Unmögliches für Sie möglich zu machen, ist eine Gebrauchsanweisung sicher mehr als sinnvoll. Besser: Sie ist der Zugangs-Schlüssel zum Buch.

Sicher können Sie das Büchlein lesen wie jedes andere. Aber dann treffen Sie nicht seine Essenz. Dann ist es wie das Lesen eines Liebesromans, ohne selbst je die Liebe erfahren zu haben, eine Kopfgeschichte, aber keine Herzensangelegenheit. Natürlich können Sie dieses Buch mit dem Kopf lesen, und es wird Ihnen sicher viele Knoten im Kopf lösen. Aber der Schatz des Buches liegt viel tiefer. Wollen Sie es sich bis dahin erschließen?

Auf den Punkt gebracht: Das Büchlein ist in seiner Essenz eine Meditation und will als „Meditation" gehandhabt werden.

Sie werden irritiert sein, wenn Sie schon etwas über Meditation gelesen oder gar Erfahrungen in Meditation haben. Denn dann wissen Sie, dass es in der Meditation um nichts anderes geht, als sich von dem scheinbar immer währenden Gedankenstrom zu lösen und in die absolute Stille und Gedankenlosigkeit zu kommen. – Wie soll das aber mit einem Buch möglich sein? Ist es nicht im Gegenteil das Verdienst eines guten Buches, Neues in diesen Gedankenstrom zu bringen, ihn aufzufrischen, ihn am Leben zu erhalten? Dient das gute Buch nicht gerade der Kultivierung von Gedanken? Ist das Buch nicht sogar das

Hauptmedium von Gedanken?

Sich von Gedanken zu lösen hieße ja im ersten Schritt, Bücher beiseite zu legen: leben statt lesen, um es einmal ganz überspitzt zum Ausdruck zu bringen.

Es mag ja sinnvoll sein, Bücher ÜBER Meditation zu schreiben, aber mit einem Buch SELBST zur Meditation einzuladen, das scheint ja wirklich die ... „Quadratur des Kreises" zu sein. Sie sehen: **Wenn wir Ihnen kein Buch nicht ÜBER, sondern ZUR Meditation anbieten, dann ist eine Gebrauchsanweisung mehr als sinnvoll!**

Sie halten also ein Praxis-Buch „Energetische Wort-Meditationen mit Affirmationen" in Ihren Händen. Das klingt doch schon sehr geheimnisvoll! Beginnen wir das Geheimnis Schritt für Schritt zu lösen:

„Affirmationen" kennen Sie sicherlich: Es sind Glaubenssätze, bewusste und unbewusste Überzeugungen, die einen prägenden Einfluss auf unsere Lebensgestaltung ausüben. So weit – so gut, was aber sind – um Himmels willen – „energetische Affirmationen"?

Erstes Geheimnis, kurz und knapp auf den Punkt gebracht:

Affirmationen wirken nur als Energie. Wir ersparen Ihnen hier den ganzen theoretischen Hintergrund für eine Erklärung. Ein Stichwort sei erlaubt: „energetische Psychologie", eine neue Interpretation des Psychischen als Manifestation von ENERGIE.

Sie können hundertmal „affirmieren": „Ich bin ein Millionär!" – wenn Ihre Energie, Ihre „energetische Signatur" aber unausgesprochen mitschwingt und Sie fühlen: „Ich bin arm." – was glauben Sie, ist wirkungsvoller, die ausgesprochenen Worte oder die mitschwingende Energie? – Keine Frage: **Wenn etwas wirksam ist, dann wirkt es nur als Energie.**

Sie kennen mit der Popularisierung der Quantenphysik sicherlich die Worte: „Alles ist Energie!" Dann haben Sie gewiss auch schon gehört: „Alles ist Bewusstsein!" und fragen sich: Ja, was denn nun? **Energie oder Bewusstsein?** Die Lösung – und das zweite Geheimnis – ist einfach (wie jede Wahrheit unter dem Strich einfach ist): Energie ist „die andere Seite" des Bewusstseins – und gehört zum Bewusstsein wie auf einer Münze „der Adler zur Zahl". Mit anderen Worten: Energie ist Bewusstsein und Bewusstsein ist Energie. Aber es ist nicht IDENTISCH! **Energie ist die „sichtbare" Seite von Bewusstsein.** (Vielleicht sagen wir besser: die POTENTIELL „sichtbare" Seite des Bewussteins, denn vielleicht haben wir zur Zeit noch nicht die Instrumente entdeckt, um subtile Energie wirklich SICHTBAR zu machen. Aber sie ist POTENTIELL „sichtbar" – irgendwann wird es uns schon gelingen. ENERGIE entzieht sich nicht GRUND-SÄTZLICH dem Sichtbarwerden.)

Um es zu wiederholen: Energie ist die (potentiell) sichtbare Seite des Bewusstseins.

Um aber schnell auf unser Thema zurück zu kommen: **Affirmationen wirken nur und insofern sie eine transformatorisch-energetische Qualität haben.**

Mit anderen Worten: Unsere Affirmationen sind so formuliert, dass sie ENERGETISCH wirksam sind, sprechen weniger den Kopf an als vielmehr das Herz.

Fühlen Sie sich weiterhin in der „Quadratur des Kreises"? Scheint Ihnen das alles mehr PARADOX als LOGISCH zu sein? Gut, dann folgen Sie uns dem dritten, entscheidenden Geheimnis:

Energie fließt nur im Hier und Jetzt.

Es gibt Gedanken, die diesen „Energiefluss im Hier und Jetzt" blockieren. – Und ehrlich, das ist eine maßlose Untertreibung: **denn 99,99 % unserer Gedanken blockieren diesen Energiefluss im Hier und Jetzt.** Denn die Mehrheit unserer Gedanken richtet sich in die Vergangenheit oder in die Zukunft: Wir hadern mit der Vergangenheit oder machen uns um die Zukunft Sorgen. Das ist das Thema von 99,99% unserer Gedanken. Energie kann aber nicht in die Zukunft oder die Vergangenheit fließen. Sie fließt nur HIER und JETZT. Jeder Gedanke an die Vergangenheit, jeder Gedanke an die Zukunft ist ein Ausbremsen dieser Lebensenergie, ihr Kaltstellen, ihr Einfrieren, ihre Versteinerung.

Deswegen fordert uns die Meditation auf, alle diese Gedanken an die Vergangenheit oder Zukunft loszulassen.

Und was ist mit den restlichen 0,01%? Wäre es aber auch möglich, Gedanken zu fassen, die pur in der Gegenwart und damit „geistesgegenwärtig" sind?

Diese tiefe Frage ist schon die geniale Antwort! „Geistesgegenwärtige" Gedanken und Worte lassen die Energie im Hier und Jetzt fließen. Das ist das große „ICH-BIN"-Geheimnis aller Mystiker und Mystikerinnen aller Jahrhunderte: ES GIBT GEDANKEN UND WORTE, DIE MEDITATION SIND.

ICH BIN, DER ICH BIN. Es klingt paradox, „nichtssagend". Aber es ist der Schlüssel zu unserem Höheren Selbst, zu unserer Seele: **ICH BIN, DER ICH BIN.**

Über einen solchen Satz kann man nicht mehr nachdenken. Er lässt sich nur erfahren – und wir erfahren uns dabei in

unserer wahren Größe.

So kann ein Buch zur Meditation werden: mit „energetischen Affirmationen", die „den Augenblick im Hier und Jetzt erfüllen".

Lassen Sie sich von der Energie jedes einzelnen Satzes erfüllen. Spüren Sie in ihn hinein, bis er Sie ganz ins HIER und JETZT führt. Lassen Sie sich für jeden einzelnen Satz 5 bis 10 Minuten Zeit. Einmal morgens, einmal abends. Nicht mehr als einen Satz pro Tag. Sprechen Sie jeden Satz innerlich wie ein Mantram. Und dann lassen Sie ihn kraftvoll los und wirken.

Sie werden sich wundern, wie einfach es ist, Meditation zu lernen und dabei ein stimmiges Leben zu manifestieren.

Kurt Tepperwein

Felix Aeschbacher

1. Themenbereich:

LEBEN ist immer nur
im *Hier* und *Jetzt*

*In diesem Augenblick
im Hier und Jetzt …*

… liebe ich mein So-Sein
und Da-Sein.

In diesem Augenblick
im Hier und Jetzt …

… liebe ich mich selbst
und alle positiven Wesen.

In diesem Augenblick
im Hier und Jetzt ...

... lasse ich mich von
Herzensbotschaften
begleiten und inspirieren.

In diesem Augenblick
im Hier und Jetzt …

… liebe ich mein ganzes Sein.

In diesem Augenblick
im Hier und Jetzt ...

... manifestiert die Liebe
Wunder in meinem Leben.

In diesem Augenblick
im Hier und Jetzt ...

... bin ich Heil-Eins-Sein
in der allumfassenden Liebe.

In diesem Augenblick
im Hier und Jetzt …

… vergebe ich mir
und anderen
in Frieden und Liebe.

In diesem Augenblick
im Hier und Jetzt ...

... schenke ich der ganzen Erde
heilsame Energien
für ein Wohlbefinden.

In diesem Augenblick
im Hier und Jetzt …

… gebe und empfange ich
liebevolle Gedanken
und Worte in Liebe
und Weisheit.

In diesem Augenblick
im Hier und Jetzt...

... bin ich empfänglich
für Liebesbotschaften,
die von Herzen kommen.

*In diesem Augenblick
im Hier und Jetzt ...*

... lasse ich mich inspirieren
von der wahren Quelle
der Liebe.

In diesem Augenblick
im Hier und Jetzt ...

... schenke ich mir
Selbstvertrauen
und Selbstliebe.

In diesem Augenblick
im Hier und Jetzt …

… ist die Liebe
mein Lebensbegleiter
auf allen meinen Wegen.

In diesem Augenblick
im Hier und Jetzt ...

... schenke ich einem
liebevollen Wesen
die Kraft der Liebe.

In diesem Augenblick
im Hier und Jetzt ...

... spüre ich herzensfroh,
wie die reine Liebe
durch mein ganzes Sein
strömt.

*In diesem Augenblick
im Hier und Jetzt ...*

... fühle ich mich eins mit der
universellen Liebe.

In diesem Augenblick
im Hier und Jetzt...

... genieße ich Freundschaften,
die harmonisch
und liebevoll sind.

*In diesem Augenblick
im Hier und Jetzt ...*

... gedeiht alles zum Besten,
weil ich mich selbst liebe.

In diesem Augenblick
im Hier und Jetzt …

… spüre ich die
wunderbare Kraft der
bedingungslosen Liebe.

*In diesem Augenblick
im Hier und Jetzt ...*

... lasse ich das Gesetz
der Liebe im
täglichen Leben anwenden.

*In diesem Augenblick
im Hier und Jetzt ...*

... erkenne ich im geistigen
Spiegel die Botschaft:
»Alles ist Liebe«.

In diesem Augenblick
im Hier und Jetzt ...

... lasse ich alle Wesen
an der universellen Liebe
teilhaben.

In diesem Augenblick
im Hier und Jetzt ...

... spüre – erlebe ich die
Botschaft: Ich bin Frieden,
Harmonie und Liebe.

In diesem Augenblick
im Hier und Jetzt ...

... fühle ich ganz besonders,
dass ich alle Wesen und
mich selbst lieben kann.

In diesem Augenblick
im Hier und Jetzt …

… segne ich alle Wesen
und bin mit Freude dankbar,
dass sie ihre Freiheit und
Freude genießen.

In diesem Augenblick
im Hier und Jetzt ...

... habe ich liebevolles und
harmonisches Verständnis
für meine Partner.

In diesem Augenblick
im Hier und Jetzt ...

... spüre ich den Frieden in
mir und lasse alle positiven
Wesen daran teilhaben.

In diesem Augenblick
im Hier und Jetzt …

… fühle ich mich sanft
getragen in dieser Welt.

2. Themenbereich:

Lebe und wirke
in diesem *Augenblick*,
und die innere Schönheit
des Lebens entfaltet sich.

In diesem Augenblick
im Hier und Jetzt ...

... lasse ich mit Freude
den Wohlstand
in mein Leben fließen.

In diesem Augenblick
im Hier und Jetzt ...

... entfalte ich den
kreativen Weg zum
Erfolgsbewusstsein.

In diesem Augenblick
im Hier und Jetzt …

… kann ich Geschenke geben
und annehmen und alles im
Leben ist in der Balance.

In diesem Augenblick
im Hier und Jetzt ...

... gestalte ich ein erfülltes
Leben und dafür
bin ich dankbar.

In diesem Augenblick
im Hier und Jetzt ...

... lasse ich mich von kreativen Ideen für eine Realisierung zum wahren Erfolg begleiten.

*In diesem Augenblick
im Hier und Jetzt ...*

... vertraue ich meiner
vollkommenen
Lebensführung.

*In diesem Augenblick
im Hier und Jetzt ...*

... danke ich in Demut
für die wunderbaren
Segnungen.

In diesem Augenblick
im Hier und Jetzt ...

... säe ich meine Wünsche
und Vorstellungen
und ich danke
für eine erfüllte Ernte.

In diesem Augenblick
im Hier und Jetzt ...

... danke ich der Schöpfung,
dass finanzieller Wohlstand
in mein Leben fließt.

In diesem Augenblick
im Hier und Jetzt ...

... empfange ich
die Reichtümer des Lebens
in Fülle.

In diesem Augenblick
im Hier und Jetzt …

… sind meine Wünsche
und Ziele mit dankbarer
Freude und Liebe erfüllt.

In diesem Augenblick
im Hier und Jetzt...

... erkenne ich,
   dass im Universum
   die Fülle für mich und
   alle Wesen vorhanden ist.

In diesem Augenblick
im Hier und Jetzt …

… empfange ich mit Freude:
Mein innerer Reichtum
ist unendlich.

*In diesem Augenblick
im Hier und Jetzt ...*

... heute bin ich auf Empfang
für neue und kreative
Ideen. Wohlstand und
Wohlergehen sind
meine Ernte.

*In diesem Augenblick
im Hier und Jetzt ...*

... erkenne ich den Wert
des Schönen, Wahren
und Guten.

*In diesem Augenblick
im Hier und Jetzt ...*

... bin ich offen
für alle positiven Werte
des Leben und gestalte
das Beste daraus.

*In diesem Augenblick
im Hier und Jetzt …*

… fühle ich mich getragen
auf allen Wegen des Lebens.

In diesem Augenblick
im Hier und Jetzt …

… konzentriere ich meine
Gedankenwelt auf inneren
und äußeren Wohlstand
und Reichtum.

In diesem Augenblick
im Hier und Jetzt ...

... bin ich überzeugt, dass
meine Glaubenskraft
alle meine Fähigkeiten
zum erfüllten Ausdruck
manifestiert.

*In diesem Augenblick
im Hier und Jetzt ...*

... lasse ich mein klares
Selbstbewusstsein
mit Liebe erfüllen.

In diesem Augenblick
im Hier und Jetzt …

… erfahre ich Glück und
Erfolg in allen meinen
Lebenshandlungen.

In diesem Augenblick
im Hier und Jetzt ...

... segne ich mein Geld
und danke für mein
Geldverständnis.

In diesem Augenblick
im Hier und Jetzt ...

... weiß ich, das ich durch mein
Dienen immer das Beste
verdienen kann,
das ich wirklich bin.

*In diesem Augenblick
im Hier und Jetzt ...*

... danke ich der universellen
Kraft für den Wohlstand
und Reichtum in meinem
Leben.

In diesem Augenblick
im Hier und Jetzt ...

... öffnen sich durch
meine Besinnung neue
inspirierende Wege für eine
Lebenserfüllung.

*In diesem Augenblick
im Hier und Jetzt ...*

... freue ich mich
an den Wundern des
Lebens.

*In diesem Augenblick
im Hier und Jetzt ...*

... ist alles mit Herz und Liebe
erfüllt und ich bin unendlich
dankbar und glücklich dafür.

3. Themenbereich

In der Kraft der Gegenwart
zu wirken heißt, sie bewusst
für den Sinn deines Lebens
liebevoll zu nutzen.

In diesem Augenblick
im Hier und Jetzt …

… beginnt ein Tag
der Herzensfreude
und Herzlichkeit.

In diesem Augenblick
im Hier und Jetzt ...

... erfülle ich das Jetzt mit
einem konstruktiven
Gedankensatz: Heute ist ein
segensreicher Tag!

In diesem Augenblick
im Hier und Jetzt ...

... lasse ich mich von inspirierenden Erkenntnissen begleiten.

*In diesem Augenblick
im Hier und Jetzt ...*

... bin ich bereit, den Weg
von Erfahrungen zu
Erkenntnissen zu vertiefen.

In diesem Augenblick
im Hier und Jetzt …

… schenkt mir das Leben,
jeden Tag Kreatives
und Neues zu empfangen.

*In diesem Augenblick
im Hier und Jetzt ...*

... entscheide ich mich für
kristallklare Gedanken
und Worte, die mich
vorwärts führen.

*In diesem Augenblick
im Hier und Jetzt...*

... weiß ich, dass ich immer
zur richtigen Zeit am
richtigen Ort bin,
und lasse mich
von der inneren Führung
begleiten.

In diesem Augenblick
im Hier und Jetzt ...

... erkenne ich, dass mir alle
Weisheiten und Liebe des
Universums zum Leben zur
Verfügung stehen.

83

*In diesem Augenblick
im Hier und Jetzt ...*

... sind alle meine Wünsche
erfüllt und alle meine
Fragen werden von der
universellen Kraft
liebevoll beantwortet.

In diesem Augenblick
im Hier und Jetzt ...

... kann ich meine universelle
Intelligenz für alles Schöne,
Wahre und Gute
konstruktiv für mich und
andere zum Ausdruck
bringen.

*In diesem Augenblick
im Hier und Jetzt ...*

... bin ich gelassen und ruhig
und lasse Weisheit und
Liebe durch mein Sein
fließen.

*In diesem Augenblick
im Hier und Jetzt ...*

... vertraue ich der inneren
Kraft, dass alles in meinem
Leben zur richtigen Zeit
geschieht.

In diesem Augenblick
im Hier und Jetzt ...

... ist mein Leben kreativer,
liebevoller und vollkommen
erfüllt.

In diesem Augenblick
im Hier und Jetzt …

… sind Vertrauen und
Glauben meine besten
Lebensbegleiter.

*In diesem Augenblick
im Hier und Jetzt ...*

... glaube und vertraue ich,
dass das Universum mich
mit Liebe und Weisheit
begleitet und beschützt.

*In diesem Augenblick
im Hier und Jetzt ...*

... vertraue ich meiner inneren
Führung und empfange von
dort alle Lebensweisheiten.

In diesem Augenblick
im Hier und Jetzt...

... erkenne und segne ich
meine innere Schönheit
und Freude.

In diesem Augenblick
im Hier und Jetzt ...

... bin ich eins
mit dem unendlichen Fluss
der Lebensfülle.

In diesem Augenblick
im Hier und Jetzt ...

... bestimme ich,
dass ich immer authentisch
und verständnisvoll
kommuniziere.

In diesem Augenblick
im Hier und Jetzt ...

... bin ich mir klar,
    dass ich bewusst immer
    die optimalen
    Entscheidungen für mein
    Leben treffe.

In diesem Augenblick
im Hier und Jetzt ...

... dienen mir Glaubenssätze
und Überzeugungen, die
mich fördern und erfüllen
lassen.

In diesem Augenblick
im Hier und Jetzt ...

... bin ich dankbar für die
positiven Erfahrungen
und Erkenntnisse.

*In diesem Augenblick
im Hier und Jetzt ...*

... lasse ich alle meine
Talente, Fähigkeiten und
Begabungen entfalten
und verwirklichen.

*In diesem Augenblick
im Hier und Jetzt ...*

... öffne ich mich für
positive Wandlungen
und Veränderungen
in meinem Leben.

In diesem Augenblick
im Hier und Jetzt ...

... wächst meine
Selbstachtung und ich
danke für diese wunderbare
Selbsterkenntnis.

*In diesem Augenblick
im Hier und Jetzt...*

... erkenne ich, dass ich als
individueller Selbstausdruck
eine wunderbare
Lebensaufgabe auf diesem
Planeten erlebe und erfüllen
kann.

In diesem Augenblick
im Hier und Jetzt ...

... danke ich mit Freude meiner
liebevollen Umwelt
für die reichen Gaben.

4. Themenbereich:

Den Augenblick zu erfüllen heißt, ihn dankbar zu segnen.

In diesem Augenblick
im Hier und Jetzt ...

... ist ein Tag der Freude,
Heilung und der Liebe.

*In diesem Augenblick
im Hier und Jetzt …*

… freue ich mich auf mein
vitales Körperbewusstsein.

In diesem Augenblick
im Hier und Jetzt ...

... freue ich mich eines
gesunden, vitalen Körpers.

*In diesem Augenblick
im Hier und Jetzt ...*

... lasse ich durch mein Herz
heilende Energien in meinen
Körper fließen.

In diesem Augenblick
im Hier und Jetzt ...

... bejahen alle meine Zellen
und Nerven Freude und
Gesundheit.

In diesem Augenblick
im Hier und Jetzt ...

... danke ich meinem inneren
Jungbrunnen
für Gesundheit
und genieße ein vitales
und glückliches Leben.

*In diesem Augenblick
im Hier und Jetzt ...*

... reinigen sich alle meine
Zellen und Nerven und ich
fühle mich wie neu geboren.

*In diesem Augenblick
im Hier und Jetzt ...*

... spüre ich meine Vitalität,
mein Wohlbefinden und bin
heil und ganz.

In diesem Augenblick
im Hier und Jetzt...

... spüre ich meine
vitalisierende Energie, die
durch meinen Körper fließt.

In diesem Augenblick
im Hier und Jetzt …

... sind meine Gedanken und
  Worte auf ein gesundes und
  vitales Leben konzentriert.

In diesem Augenblick
im Hier und Jetzt …

… fühle ich mich eins mit der
universellen Kraft und lebe
es in Harmonie und Freude.

In diesem Augenblick
im Hier und Jetzt...

... erkenne ich den Wert eines
gesunden Körpers und der
Vitalität und danke
der Schöpfung.

In diesem Augenblick
im Hier und Jetzt ...

... entspanne ich meinen
Körper und fühle die
Leichtigkeit meines Seins.

In diesem Augenblick
im Hier und Jetzt ...

... freue ich mich
eines gesunden und
wohlgeformten Körpers und
mein Stimmig-Sein strahlt
Lebensfreude aus.

In diesem Augenblick
im Hier und Jetzt …

… danke ich dem Leben
mit Freude, es liebevoll
und heiter genießen zu
dürfen.

In diesem Augenblick
im Hier und Jetzt ...

... visualisiere ich täglich
in meinem Bewusstsein
Körperbewusstsein, dass
mein Körper gesund und
vital ist.

*In diesem Augenblick
im Hier und Jetzt ...*

... erkenne ich, dass meine
positiven Gedanken und
Gefühle mein Heilsein
fördern, und ich bin vitale
Gesundheit und Ganzheit.

In diesem Augenblick
im Hier und Jetzt ...

... lasse ich universelle
Heilkräfte in alle meine
Zellen und Nerven meines
Körpers fließen.

In diesem Augenblick
im Hier und Jetzt ...

... achte ich, dass ich liebevoll
auf die Botschaften meines
Körpers höre und mich
damit gesundheitsbewusst
verhalte und lebe.

*In diesem Augenblick
im Hier und Jetzt ...*

... weiß ich den besten und
wertvollsten Grund, gesund
und mit Freude das Leben
zu gestalten.

In diesem Augenblick
im Hier und Jetzt ...

... weiß ich, dass ich in einem
gesunden Körper wohne,
und alles im Leben fließt in
Freude und Harmonie.

In diesem Augenblick
im Hier und Jetzt ...

... erkenne ich die Botschaft:
Liebe dich selbst wie deinen
Nächsten und ich bin heil
und ganz.

*In diesem Augenblick
im Hier und Jetzt ...*

... kommuniziere ich mit
meinem Körper und lasse
Liebe und Kraft in alle Zellen
und Nerven fließen.

*In diesem Augenblick
im Hier und Jetzt ...*

... erfüllt mich eine frische
und strahlende Gesundheit
und ich danke der
universellen Weisheit.

In diesem Augenblick
im Hier und Jetzt ...

... erfahre ich täglich
die wunderbare und
segensbringende, stärkende
Energie der Heilkraft der
Liebe.

In diesem Augenblick
im Hier und Jetzt ...

... lasse ich mich von
der unendlichen
Heilkraft meines Innern
energetisieren und ich bin
gesund und vital.

In diesem Augenblick
im Hier und Jetzt ...

... liebe ich alle meine Zellen,
Nerven, Gelenke und
Organe und sie harmonieren
liebevoll im ganzen Körper.

In diesem Augenblick
im Hier und Jetzt ...

... erkenne ich, dass ich in einer
gesunden Umwelt
heil und ganz bin.

Einladung in den Augenblick

HINWEIS: Sie können sich diesen Text in aller Ruhe laut vorlesen (in angemessenem Tempo etwa 12 Minuten). Oder Sie lesen den Text einem anderen Menschen vor. Sie können sich diese Meditation (mit Musik) auch von Kurt Tepperwein über eine Audio-CD sprechen lassen.

Eine Meditation
mit Kurt Tepperwein

*I*ch lade Sie jetzt einmal gerne ein, mit mir in DIESEN AUGENBLICK zu kommen.

Stellen Sie sich vor, dieser Augenblick sei ein Ort in Ihnen.

Wenn Sie bereit sind, schließen Sie die Augen, öffnen Sie die Tür nach innen und treten Sie ein in Ihre lichte Innenwelt.

Suchen Sie sich doch einen schönen Platz IN DIESEM AUGENBLICK und machen Sie es sich dort ganz bequem.

Spüren Sie, wie eine Last von Ihnen abfällt,

wie Sie sich von allem lösen, das nicht IN DIESEN
AUGENBLICK gehört,

wie Sie GANZ IM HIER UND JETZT ankommen.

Spüren Sie, wie Sie sich in sich selbst wohlfühlen und
DIESEN AUGENBLICK genießen.

Lebensfreude kommt auf und Sie spüren, dass Sie
STIMMEN – IN DIESEM AUGENBLICK.

Machen Sie sich einmal bewusst, wie gut es Ihnen geht
– IN DIESEM AUGENBLICK.

IN DIESEM AUGENBLICK ist es völlig gleichgültig, ob Sie
krank sind oder gesund;

Sie spüren Ihren Körper gar nicht. Es ist, als ob Sie gar
keinen Körper mehr hätten.

IN DIESEM AUGENBLICK ist es auch völlig gleichgültig,
ob Sie jung sind oder alt;

Sie haben gar kein Alter. In diesem Augenblick
sind Sie ewig.
Das ist Ihr eigentlicher, wahrer Zustand.

IN DIESEM AUGENBLICK ist es auch völlig gleichgültig, ob Sie wenig Geld haben oder Schulden oder Millionen. Es ist ohne jede Bedeutung. In diesem Augenblick sind Sie REINES SEIN.

IN DIESEM AUGENBLICK ist es auch ganz gleichgültig, ob Sie Erfolg haben, ob Ihre Wünsche sich erfüllt haben, ob Sie Ihr Ziel erreichen konnten – SIE sind das Ziel. Sie haben damit alles erreicht, was man in diesem Leben erreichen kann.

SIE SIND SIE SELBST – IN DIESEM AUGENBLICK.

Alle Lebensumstände sind IN DIESEM AUGENBLICK völlig gleichgültig und doch können Sie alles ändern, IN DIESEM AUGENBLICK.

Wenn Sie stimmen, spüren Sie auch, was zu Ihnen gehört – IN DIESEM AUGENBLICK; eben, was stimmt. Und Sie können ganz bewusst dieses Stimmigsein genießen – IN DIESEM AUGENBLICK.

UND WENN SIE STÄNDIG STIMMEN, SIND SIE ERLEUCHTET – IN DIESEM AUGENBLICK.

IN DIESEM AUGENBLICK ist es auch völlig gleichgültig, welche Rolle Sie im Leben spielen oder welche Position Sie haben. Auch Ihre Vergangenheit ist unwichtig oder Ihre Zukunft oder Ihr Schicksal. Denn der, der die Vergangenheit

erlebt hat, sind Sie nicht. Auch nicht der, der sein Schicksal erschaffen hat und in der Zukunft erleben wird.

Sie sind REINES SEIN – EWIGE GEGENWART, ohne Vergangenheit und ohne Zukunft. Sie sind durch die Tür des Augenblicks eingetreten in Ihr EWIGES SEIN.

Die einzige Wirklichkeit heißt: ICH BIN.

Ich bin reine Existenz, vollkommenes, ewiges Sein.

ICH RUHE IN MEINER MITTE.

Wenn ich bereit bin, kehre ich mit dieser Ruhe jetzt zurück an meinen Platz,

BIN GANZ BEWUSST IM HIER UND JETZT.

IN DIESEM AUGENBLICK sind Sie ganz SIE SELBST.

Und wenn Sie sich wieder einmal begegnen wollen, wenn Sie wieder einmal frei sein und einfach SEIN wollen, dann kommen Sie doch wieder einmal –

in diesen Augenblick.

Lust auf mehr?

Dann besuchen Sie doch unsere Homepage **www.iadw.com** und informieren Sie sich über Ausbildungen, Heimlehr- und Speziallehrgänge. Eine große Auswahl wartet auf Sie.

Passend zu diesem Buch sprechen wir Ihnen folgende Empfehlungen aus:

- **Bewusstseins-Trainer/in**
- **Intuitions-Trainer/in**
- **Atman-Bewusstseins-Berater/in**
- **Kausal-Berater/in**

Die **Ausbildung zum/zur Bewusstseins-Trainer/in oder Intuitions-Trainer/in** sind gefragter und aktueller als je zuvor. Nehmen Sie Ihre Zukunft in die Hand und nutzen Sie das Wissen von Kurt Tepperwein für sich, privat oder auch beruflich. Für alle Selbststudienlehrgänge halten wir für Sie Aufbauprogramme bereit, auch für ein neues oder zweites finanzielles Standbein. Wagen Sie den Neustart und trauen Sie sich!
Sie investieren nicht nur in sich, sondern auch in eine erfolgreiche Zukunft.

Nur Mut zur Veränderung!

Auch sehr beliebt sind der **Kompakt-Heimlehrgang zum/r Atman- Bewusstseins-Berater/in oder zum/r Kausal-Berater/in.** Entdecken, erfahren und entfalten auch Sie Ihr Potential. Es wartet nur darauf, entdeckt zu werden! Coachen Sie andere und natürlich sich selbst, um eine erfüllende Lebensmeisterschaft zu leben und zu verwirklichen!

Eine neue Chance für SIE und IHN.

Sichern Sie sich noch heute den Einstieg in ein Lehrwissen zur Innenbildung und runden Sie dieses mit einer Zertifikat oder einem Diplom ab. Viele Möglichkeiten erwarten Sie.

IAW – immer eine Inspiration. Ihr Partner für Herzensbildung und einen zukunftsoptimierten Bewusstseinsprung.

Im Buchhandel und Internet finden Sie stets brand-aktuelle Themen, sowie zeitlose Wissensschätze von *Kurt Tepperwein!*

Folgende Bücher und E-Books können Sie direkt über den BoD-Verlag (www.bod.de/www.bod.ch) detailliert einsehen, bevor Sie sich für Ihr Wunschthema entscheiden:

- Ab heute bin ich frei!
- Bäume ausreißen! – Trainingsheft für mehr Motivation
- Berufskrise ade! – Frei sein von Arbeitssucht, Stress, Burn-out, Mobbing, Innerer Kündigung und Arbeitslosigkeit Bewusstseinssprung in eine neue Dimension
- Blinddate mit Magen und Darm
- Bring Farbe in dein Leben mit Dankbarkeit
- Bring Farbe in dein Leben mit einem einfachen Lächeln
- Bring Farbe in dein Leben mit Heiterkeit
- Bring Farbe in dein Leben mit Herzensfülle
- Bring Farbe in dein Leben mit Hingabe pur
- Bring Farbe in dein Leben mit Liebesweisheit
- Bring Farbe in dein Leben mit Seelenkraft
- Bring Farbe in dein Leben mit Stille in dir
- Bring Farbe in dein Leben mit Wertschätzung
- Bring Farbe in dein Leben mit Zeitlosigkeit
- Das Buch der Erfolgsgesetze
- Die hohe Schule des Lebens
- Die Kunst mühelosen Lernens
- Die Praxis der geistigen Gesetze
- Die Renaissance der Frauenpower – 7 Schritte zur Liebesfähigkeit
- Du bist wie du bist!
- Ein Leben ohne Ängste und Sorgen? – Trainingsheft für mehr Lebensqualität
- Einfach nur schön
- Endlich wieder FIT! – Trainingsheft zur Gesunderhaltung
- Erwachen zum wahren Sein
- Folge deinem Leitstern
- Frau sein – ganz sein, Mentaltraining für eine neue Weiblichkeit
- Geistheilung durch sich selbst
- Gelassenheit
- Gelebte Achtsamkeit